교양 꿀꺽

우리는 왜 살이 찌는 걸까?

박승준 지음 | 남동완 그림

봄마중

차례

머리말 · 6

1 살이 쪄서 고민이라고? · 11

2 우리가 살찌는 이유 · 21

3 변화하는 우리의 식생활 · 29

4 우리가 먹는 음식은 어디에서 왔을까? · 41

5 왜 육식이 문제일까? · 51

6 왜 가공식품이 문제일까? · 57

7 열량과 영양소 이야기 · 65

8 광고에 마음을 빼앗기지 마! · 79

9 가짜 배고픔에 속지 마! · 85

10 자연식품과 가공식품 · 97

11 즐겁고 건강하게 먹기 · 103

건강한 간식 만들기 · 112

머리말

  오늘 점심은 뭘 먹었나요? 밥, 국, 채소, 고기? 아니면 햄버거나 라면이었나요? 우리가 먹는 음식은 그냥 배를 채우는 것만이 아니라, 내일을 살아갈 힘을 주고 우리 몸을 건강하게 만드는 재료가 돼요. 그런데 요즘 우리 주변에는 패스트푸드, 과자, 탄산음료처럼 맛은 있지만 영양소는 적고, 설탕과 기름이 잔뜩 들어간 음식이 많아요. 먹는 순간은 행복하지만, 자주 먹다 보면 몸속에 불필요한 지방이 쌓여, 살이 찌고 건강도 나빠질 수 있어요. 어릴 때 생긴 식습관은 어른이 되어서도 이어지기 때문에 비만이나 여러 질병의 원인이 되기도 한답니다.

  그렇다면 어떻게 먹는 게 좋을까요? 가장 좋은 방법은

 밥, 채소, 과일, 고기나 생선, 달걀, 콩 같은 음식을 골고루 먹는 거예요. 그리고 너무 달거나 짜거나 기름진 음식은 가끔씩, 조금만 먹는 게 좋아요. 간식을 먹고 싶을 땐 "내가 진짜 배고픈 걸까? 아니면 그냥 심심해서 먹고 싶은 걸까?" 하고 한번 생각해 보세요. 텔레비전이나 동영상 속 반짝이는 광고에 나오는 음식은 정말 맛있어 보이지만, 그 안에는 설탕과 소금, 기름이 잔뜩 숨어 있을 수 있거든요. 먹고 나면 광고 속 모델처럼 예뻐지고 멋져질 것 같지만, 사실은 우리 건강을 조금씩 해칠 수 있죠.

 건강한 식습관은 우리 몸을 위한 약속이에요. 오늘 먹은 음식이 내 피가 되고, 뼈가 되고, 힘이 되어 좋아하는

놀이도 하고, 공부도 하고, 꿈도 키울 수 있게 해 주어요. 만약 탄산음료 대신 물이나 우유를 마시고, 과자 대신 과일을 먹는 습관을 들인다면 몸이 점점 가벼워지고 힘도 쑥쑥 생길 거예요.

  여러분의 몸은 아직 자라는 중이에요. 그래서 지금 어떤 음식을 먹느냐가 앞으로의 키와 건강 그리고 꿈을 이루는 힘까지 바꿀 수 있어요. 오늘부터는 나를 위해, 그리고 나의 멋진 미래를 위해, 식탁에서 현명한 선택을 해 보세요. 건강한 식습관은 우리를 튼튼하고 활기차게 만들어 주는 최고의 비밀 무기랍니다!

살이 쪄서
고민이라고?

오후 7시가 넘었어. 좀 전에 저녁밥을 먹었는데 왠지 뱃속이 허전하고 빈 것 같네. 간식이라도 찾아볼까 생각하다가, 불룩한 옆구리 살을 보면서 고개를 절레절레 흔들었어. 안 그래도 요즘 살이 찐 것 같아서 걱정이었거든.

**"너무 많이 먹기 때문일까?
운동을 안 해서일까?"**

우리는 이렇게 생각할 때가 많아. 하지만 사실은 그다지 살이 찐 게 아닐 수 있어. 설사 좀 통통하더라도 옛날 같았으면 오히려 미인이라고 말했을 몸매야. 그게 무슨 말이냐고?

프랑스 도르도뉴 지방의 어느 동굴에서 2만 년 전의 조각 작품이 발견되었어. 〈로셀의 비너스〉라고 하는데, 뚱뚱한 여성의 모습이 새겨져 있지. 널리 알려진 〈빌렌도르프의 비너스〉, 〈밀로의 비너스〉, 보티첼리의 〈비너스의 탄생〉이라는 작품 속 여성들의 모습도 비슷해. 하나같이 배가 볼록하고 통통한 것이 요즈음 우리가 미인이라고 생각하는 날씬한 여성의 모습과는 전혀 달라. 옛날 귀족들은 자신의 초상화를 그리거나 조각상을 만들 때 일부러 더 살집 있게 표현해 달라고 말할 정도였대. 옛날에는 몸이 통통해야 더 아름답다고 생각했다니, 신기하지?

1960년대 우리나라에서는 몸무게가 많이 나가는 통통한 아기들을 뽑아서 상을 주는 '우량아 선발 대회'가 열리기도 했어. 또 어른들도 배가 적당히 나오고 뱃살이 두툼해야 돈이 많고 성격 좋은 사람으로 여겼지. 이렇게 아름다움에 대한 기준은 시대에 따라 달랐어.

하지만 사람들의 생각은 점점 바뀌기 시작했어. 비만한 사람을 보면 많이 먹고 게으른 사람이라고 생각하게 되었지. 그렇게 된 데는 몇 가지 이유가 있었어.

20세기 초 미국의 보험 회사에서는 보험을 계약한 사람들을 연구했어. 그 결과 몸무게가 많이 나가는 사람일수록 빨리 사망할 가능성이 큰 것으로 나타났지. 보험 회사로서는 계약자가 빨리 사망할수록 지급해야 할 보험료가 많았기 때문에 살찐 사람을 좋게 보지 않았어.

또 다른 이유는 제1차 세계대전이었어. 큰 전쟁으로 식량이 부족해지자 먹을 것을 정해진 양만큼만 나누어 주는 배급제를 실시했어. 이때 매우 살찐 사람이 배급을 받으러 오면 사람들은 '이렇게 어려운 때 얼마나 먹었으면 저렇게 살이 찐 거야?'라며 곱지 않은 눈으로 바라보거나 손가락질을 했지. 비만한 사람은 이기적이고, 나라 걱정 따위는 하지 않는 사람으로 생각한 거야.

여기에 나날이 발전해 가는 영화 산업도 한몫했어. 영화에 등장하는 멋진 배우들은 예쁘게 꾸민 데다 하나같이 날씬했거든. 사람들은 날씬하고 예쁜 영화배우에 푹 빠져 그들을 부러워하며 닮고 싶어 했지. 실제로 1920~1930년대 미국에서는 여성들을 중심으로 영화배우처럼 날씬해지려는 **다이어트 문화**가 퍼졌어. 비만이 건강에 얼마나 해로운지 알려 주는 의학 책들도 쏟아져 나왔지.

이런 여러 가지 이유들 때문에 날씬한 몸이 멋지고, 풍뚱한 몸은 좋지 않다는 생각이 사람들 사이에 퍼지기 시작했어.

비만이란 몸 안에 지나치게 많은 양의 지방이 쌓여 있는 상태야.

그저 몸무게가 많이 나간다거나 겉으로 보기에 통통하다고 해서 무조건 비만은 아니야. 건강에 나쁜 영향을 끼치는 심각한 비만이 아닌 이상, 조금 통통하다는 것은 생김새의 특징일 뿐이거든.

그런데도 어떤 사람들은 살집이 있는 사람을 보면 게으르다거나 자기 관리를 못한다는 잘못된 생각을 하기도 하지. 그러다 보니 통통한 사람들은 왠지 기가 죽게 돼. 학교에서 차별을 받는 일도 많고 놀리는 친구들 때문에 점점 외톨이로 변하기도 하지. 자신감이 떨어지고 우울해하거나 불안해하는 경우도 있어.

그래서 뚱뚱한 것은 무조건 나쁘다고 생각하고 어떻게든 살을 빼려고 다이어트를 계속하기도 해. 하지만 너무 무리하게 다이어트를 하면 건강을 해칠 수도 있어.

그렇다면 비만인지 아닌지 어떻게 구분하는 걸까?

<u>세계보건기구</u>는 몸에 지방이 많아서 건강에 해를 끼치

는 상태를 '비만'이라고 정의했어. 일반적으로 성인이 비만인지 아닌지를 판정할 때 흔히 사용하는 것은 바로 **체질량 지수**야. 체질량 지수는 몸무게(kg)를 키의 제곱(m^2)으로 나눈 값이지.

$$체질량\ 지수 = \frac{몸무게(kg)}{키(m) \times 키(m)}$$

식으로 계산하는 게 어려우면 인터넷에서 체질량 지수 계산기를 이용해도 돼. 예를 들어 키 150cm(1.5m)에 몸무게 45kg이라면 체질량 지수는 20이야.

어린이의 경우, 일반적으로는 같은 나이와 성별의 어린이 100명을 놓고 보았을 때 체질량 지수가 백분위 85~94(6~15%)는 과체중, 95 이상(5% 이내)이면 비만이라고 해.

하지만 비만 판정 기준은 성별과 나이에 따라 달라. 그래서 체질량 지수만으로는 정확하게 비만인지 아닌지를 판정할 수 없어. 요즈음에는 비만인지를 가늠할 때 몸무게뿐만 아니라 **허리둘레**도 중요하게 여기거든.

"어릴 때 찐 살은 커서 키로 간다"라는 말을 들어 본 적 있을 거야. 그렇다면 키가 크려면 살이 쪄야 하는 것일까? 전혀 아니야. 오히려 이 말이 맞아.

"어릴 때 몸무게가 많이 나가면 커서도 비만이 될 수 있다."

어릴 때 몸무게가 많이 나가면 처음에는 성장이 빨라도 나중에는 성장판(뼈의 끝부분에 있는, 뼈를 만들어 키를 키우는 곳)이 빨리 닫혀 오히려 키가 자라지 않을 가능성이 더 커. 그리고 나이가 들수록 정상 몸무게에서 점점 멀어질 수 있어. 어릴 때의 비만이 청소년과 성인 비만으로 이어질 가능성이 높다는 거야. 어른이 되어서도 뚱뚱해질 수 있다는 건 심각한 문제지.

또 어릴 때의 비만은 건강에 나쁜 영향을 미칠 수 있고 사춘기를 앞당길 수 있어. 특히 비만인 여자 어린이는 초경(처음 시작하는 월경)을 하는 시기가 빨라지게 되거든.

전 세계적으로 어른의 비만 증가 속도보다 어린이의 비만 증가 속도가 더 빨라.

우리나라에서도 비만한 어린이의 비율이 해마다 늘어나고 있지. 전 세계 어린이 5명 가운데 1명이 **과체중**이거나 비만이라고 해. 과체중은 비만은 아니지만 키에 비해서 몸무게가 많이 나가는 상태야.

그렇다면 왜 이렇게 체질량 지수가 높은 사람이 많아지는 걸까? 이제부터는 사람들이 비만해지는 이유를 알아보자.

우리가 살찌는 이유

옛날 음식과 지금 음식의 차이

인류는 지구에 나타난 이래 아주 오랫동안 계속 변하고 발전하면서, 지구에서 살아가는 방법을 발전시켜 왔어.

하버드 대학교의 인류생물학자인 다니엘 리버먼은 이렇게 말했어.

"현대인이 쉽게 살이 찌는 것은 진화적인 적응이자 그 적응을 하는 데 잘못된 결과로 나타난 것이다."

조금 어렵지? 무슨 말일까?

인류는 오랜 세월 동안 지구에서 살아오면서 먹을거리를 구하기 위해 끊임없이 노력해야 했어.

대부분의 시간을 사냥하고 나무 열매를 따는 등 <u>수렵</u>과 <u>채집</u>으로 먹을거리를 구하는 데 썼지. 인류가 농사를 짓기 시작한 지는 불과 1만 년 정도밖에 안 됐어.

오래전 우리 선조들은 먹을거리를 충분히 구할 수 없었어. 그래서 먹을거리가 많을 때 가능한 한 많이 먹고 남는 에너지는 몸에 지방으로 저장했지. 일단 몸 안에 들어온 것은 잘 지킨 거야. 그래야 살아남는 데 유리했으니까.

현대를 살아가는 우리의 모습은 어떨까? 우리는 더 이상 힘들게 사냥하지 않아도 돼. 사나운 늑대도 멧돼지도 없는 마트에서 안전하게 먹을거리를 구할 수 있지. 그것도 귀찮다면 음식점에 가거나 배달시키면 돼.

몸에 지방을 잘 저장하는 것은, 우리 인류가 살아남는 데 꼭 필요한 적응이었어. 먹을 것이 부족할 때를 대비해 몸이 잘 적응하도록 변한 것이지. 그러나 옛날에는 성공적이었을지 몰라도 지금은 그렇지 않다는 거야.

조상에게 물려받은 우리의 몸은 거의 변하지 않았어. 하지만 우리가 사는 환경은 급격하게 변했지. 우리의 몸은 이렇게 달라진 환경에 맞출 시간이 부족했어. 우리의 몸과 현대 사회의 환경이 서로 어긋나면서 쉽게 살이 찌고 있다는 말이지.

옛날과 지금의 먹거리 환경을 비교해 볼게.

첫째, 조상들이 구할 수 있는 음식의 양은 늘 부족했어. 그러나 현대에는 언제든지 구할 수 있는 음식이 여기

저기에 널려 있지.

둘째, 옛날에는 음식을 만들 재료를 구할 때 계절의 영향을 많이 받았어. 비가 계속 오거나 추운 겨울이 계속되면 먹을 것을 구하기가 힘들 때도 있었지. 하지만 지금은 거의 모든 음식을 사계절 내내 구할 수 있어.

셋째, 옛날에는 <u>열량</u>(음식으로부터 얻는 에너지의 양)이 높은 고기 같은 음식을 먹는 일이 아주 드물었지만, 요즈음에는 흔하게 먹을 수 있어.

넷째, 앞에서 말한 것처럼 옛날에는 음식을 구하는 데 큰 노력과 시간이 필요했어. 때로는 위험하기도 했지. 하지만 지금은 옛날만큼 큰 노력과 시간이 필요하지 않고 위험하지도 않아.

이렇듯 옛날과 지금의 먹거리 환경은 많이 달라졌어. 정말 하늘과 땅 차이지.

단맛에 끌리는 이유

음식을 먹으면 여러 가지 맛을 느낄 수 있어. 단맛, 쓴맛, 짠맛, 신맛, 매운맛……. 이 중에서 우리가 가장 좋아

하는 맛은 무엇일까?

바로 단맛이야. 이건 초콜릿 한 조각만 먹어 봐도 바로 알 수 있지. 인류가 먹어 온 음식 중에서 단 음식만큼 안전한 음식은 없었어.

지구상에서 단맛을 내는 음식치고 위험한 음식은 없거든.

반면에 신맛과 쓴맛은 음식이 상했거나 독이 들어 있을지도 모른다는 신호였어. 단맛을 좋아하는 것은 살아남기 위한 본능이었지. 요즘 우리가 마카롱이나 도넛, 탕후루 같이 달콤한 음식을 좋아하는 데는 다 그럴 만한 이유가 있었던 거야.

옛날 사람들이 구할 수 있었던 단 음식은 무엇이었을까? 꿀과 과일이야. 지금은 언제든지 꿀을 사 먹을 수 있지만 예전에는 꿀을 구하려면 벌에게 쏘일 각오를 해야 했지. 과일도 마찬가지야. 요즘은 온실에서 과일을 재배하니까 아무 때나 달콤한 과일을 먹을 수 있지만, 옛날에는 제철에만 즐길 수 있었어. 그만큼 단맛이 나는 음식이 귀할 수밖에 없었지.

또 열량이 높은 고기도 힘든 사냥 끝에 얻을 수 있었기 때문에 흔히 먹을 수 있는 음식이 아니었지. 그래서 당분과 지방이 많은 먹을거리는 매우 값지고 소중한 것이었어. 다디단 꿀이나 과일, 열량이 높은 기름진 고기가 눈앞에 있다면 가능한 한 많이 먹고 남는 것은 저장했을 거야.

이렇게 먼 조상 때부터 남는 에너지를 몸속에 저장하는 습성이 배어 있는 인류가 오늘날 단 음식과 기름진 음식이 흔하게 널려 있는 환경에서 살아가게 되면서 살이 찌는 사람이 많아질 수밖에 없게 된 거야.

변화하는 우리의 식생활

인류의 식습관을 바꾼 두 가지 큰 변화

구석기 시대 사람들은 수렵과 채집 생활을 하며 씨앗과 열매를 비롯해 동물의 내장과 고기 등을 먹었어. 불을 발견하면서 음식을 익혀 먹게 되었고 더 많은 먹을거리를 구할 수 있었지.

그 뒤 인류의 식생활은 두 가지 큰 변화를 맞이했어.

첫 번째 변화는 **농사**를 짓게 되었다는 거야. 신석기 시대부터 농경 생활이 시작되었어. 수렵과 채집 생활을 하던 인류가 정착해 농사를 지으면서 먹을거리가 보리, 쌀, 밀, 옥수수 같은 농작물로 바뀌었지. 우리가 먹는 밥(쌀), 빵(밀) 같은 **탄수화물이** 가장 중요한 먹을거리가 되었어.

하지만 옛날에 먹었던 곡물은 지금처럼 하얗고 부드러운 것이 아니라, 겉껍질이 그대로 붙어 있는 거친 통곡물이었어.

두 번째 변화는 1760년대 영국에서 시작된 **산업 혁명**이야. 산업 혁명은 농업 기술을 발전시켰고, 곡식을 더 많이 거둘 수 있게 만들었어. 농촌에서 일자리를 잃은 사람들이 도시로 몰려들면서 산업도 발전했지. 도시는 더

욱 커졌고 먹을거리는 더 많이 필요해졌어. 1800년대 후반에는 곡식을 가루로 만드는 제분소가 생기면서 하얗고 부드럽게 정제된 곡물과 설탕이 사람들의 식탁에 오르기 시작했지. 20세기에 들어서면서 사람들은 정제 탄수화물과 가공식품을 손쉽게 먹을 수 있게 되었어.

가공식품이란 자연에서 얻은 재료를 여러 가지 방법으로 맛을 더 좋게 하거나 오래 보관할 수 있게 만든 거야.

한마디로 말해서 보관과 조리가 간편하게 만든 식품이지. 이것을 음식의 산업화라고 해. 예전처럼 집에서 손으로 만들었던 음식을 공장에서 기계를 사용해 대량으로 만들게 되었다는 말이지.

빠르게 변한 우리의 식습관

우리의 식습관도 빠르게 변하기 시작했어. 몇 가지 변

화를 살펴보면 다음과 같아.

첫째, 간식을 습관적으로 먹고 있어. 간식을 입에 달고 사는 사람들이 많지. 우리가 흔히 먹는 간식은 선조들이 구하기 어려웠던 달고 기름진 것들이야. 그러니 본능적으로 간식을 멀리하기가 어려울 수밖에 없어.

옛날에는 간식을 먹는 습관이 거의 없었어. 끼니와 끼니 사이에 배고픔을 느끼는 것은 당연했고 아무리 배고파도 다음 끼니를 기다려야만 했지. 그런데 1970년대 말부터 식품 회사에서 다양한 간식 상품을 내놓기 시작했어. 간식을 많이 팔기 위해 광고까지 등장하자 사람들의 식습관이 바뀌기 시작했지. 특히 어린이들을 겨냥한 광고가 많았어. 쉴 새 없이 쏟아지는 다양한 간식 광고에 마음을 빼앗긴 아이들은 군것질을 시작하게 되었어. 이렇게 언제 어디서든, 무엇이든 먹는 간식 문화가 널리 퍼져 나갔지.

둘째, 지나치게 많은 음식을 먹고 있어. 특히 주말이 되면 학교도 가지 않고 회사도 가지 않기 때문에 마음 놓고 치킨, 피자, 라면 같은 열량이 높은 음식을 먹곤 해.

또 침대에서 뒹굴거나 낮잠을 자면서 몸을 잘 움직이지도 않아. 결국 예전보다 훨씬 더 많은 열량을 섭취하고, 움직임은 줄어들게 된 거야.

셋째, 음식의 양이 커졌어. 햄버거의 크기를 생각해 봐. 식품 회사에서는 더 많은 판매를 위해 어떻게 하면 사람들이 더 많이 사고, 더 많이 먹게 할까 고민하거든.

또 우리는 세트 메뉴를 좋아해. 햄버거 가게에 가서 햄버거만 시켜서 먹는 사람은 별로 없어. 햄버거와 단짝인 감자튀김과 콜라를 세트로 주문하지. 돈을 조금 더 내면 음료의 양도 늘려 주고, 바삭바삭한 감자튀김까지 먹을 수 있으니까. 세트 메뉴를 주문하는 것이 더 저렴하고 현명한 소비를 한 것 같은 착각에 빠지게 만드는 거야.

하지만 세트 메뉴는 분명히 단품보다 값이 비싸고, 필요 이상으로 많이 먹게 만들어. 결국 우리를 과식으로 이끄는 거지.

넷째, 밖에 나가서 음식을 사 먹는 **외식 문화**가 널리 퍼졌어. 외식은 집이 아닌 식당에서 만든 음식을 말해. 배달 음식이나 포장해 오는 음식도 외식이야. 예전에는 음

식을 거의 집에서 만들어 먹는 것이 당연했고 특별한 때만 외식을 했는데 요즘은 외식이 많이 늘었어.

사람은 음식을 요리해서 먹는 유일한 동물이야.

만약 사람이 요리하지 않았다면 여전히 다른 동물처럼 살고 있을지도 몰라. 요리는 우리가 사람이라는 것을 알려 주는 활동이자, 동물과 사람을 구분하는 기준이지.

하지만 요즘에는 예전처럼 집에서 요리를 많이 하지 않아. 가족들이 워낙 바쁜 데다 식품 산업도 발달했기 때문이지. 우리는 이제 요리하지 않아도 먹고살 수 있는 시대에 살고 있어. 특히 도시에 사는 사람들은 집에서 밥을 해 먹기보다 주로 밖에서 끼니를 해결하지.

문제는 외식을 자주 하면 많이 먹을 위험이 커진다는 거야. 집에서 먹는 1인분보다 식당에서 파는 1인분이 더 많거든. 게다가 뷔페라도 가면 한 끼에 먹는 양이 아주 많아지지. 외식을 자주 하는 사람은 집밥을 먹는 사람보다 살이 찔 가능성이 더 크다고 해.

 다섯째, <mark>탄산음료</mark>를 즐겨 마시게 되었어. 탄산음료야말로 빠르게 변화한 현대인의 식습관을 가장 잘 보여 준다고 할 수 있어. 콜라를 비롯한 탄산음료를 마시면 카페인과 설탕 때문에 잠시 기분이 좋아져. 하지만 좋은 기분은 잠시뿐이야. 탄산음료를 마시는 건 곧 설탕을 마시는 것과 같아. 설탕이 든 음료를 많이 마시면 비만과 당뇨병이 늘어난다는 연구 결과가 많아.

 마지막으로 전 세계적으로 널리 퍼진 <mark>패스트푸드점</mark>이야. '많이 먹게 만드는 현대 음식'이라고 하면 패스트푸드를 빼놓을 수 없어. 전 세계 어디를 가도 패스트푸드점을 쉽게 찾아볼 수 있지.

 왜 우리는 패스트푸드점에 자주 가는 것일까? 우선 편리하기 때문이야. 음식을 주문하면 빨리 나오고 이른 아침이나 늦은 밤에도 먹을 수 있어. 음식을 데울 필요도 없고 수저나 포크가 없어도 어디서든 바로 먹을 수 있지. 하루하루 바쁘게 살아가는 현대인에게 아주 솔깃한 음식이야.

또 패스트푸드는 어느 정도 맛이 보장되어 있기 때문에 고민하지 않아도 돼. 달고, 짠 자극적인 맛이라 사람들이 좋아할 수밖에 없지. 패스트푸드는 주로 지방, 설탕, 소금을 알맞게 섞어서 만들어. 이 세 가지는 선조들이 귀하게 여기던 것들이지. 그래서 패스트푸드를 달고 기름지고 짠맛을 좋아하는 인간의 아주 오래된 습성과 잘 맞아떨어지는 음식이라고 말해.

맥도날드 소송

"맥도날드를 고소합니다! 우리는 몇 년 동안 매일매일 맥도날드의 패스트푸드를 먹었습니다. 그 결과 비만에 당뇨병, 고혈압까지 앓게 되었습니다. 패스트푸드는 여러 가지 병에 걸리게 할 만큼 건강에 나쁜 영향을 미치는데, 맥도날드는 일부러 이런 사실을 알리지 않았습니다. 우리가 별생각 없이 패스트푸드를 계속 먹게 만든 것입니다!"

2002년 11월의 어느 날, 미국에서 8명의 청소년이 대표적인 패스트푸드 회사인 맥도날드에 소송을 제기했어.

당시 사람들은 소송을 제기한 청소년들을 손가락질했지. 자신들이 게으르고 음식 욕심이 많아서 살이 찌고 아픈 것을 기업의 책임으로 돌려 돈이나 뜯어내려고 한다고 비난한 거야. 법원에서도 청소년들의 손을 들어 주지 않아 결국 이들은 재판에서 지고 말았어.

하지만 미국의 식품영양학자인 켈리 브라운웰은 이렇게 말했어.

"음식에 대한 사회적인 유혹을 한 사람의 의지만으로 이겨 내기는 어렵습니다."

우리가 몸무게에 대해 걱정하면 할수록 이익을 얻는 곳이 있어. 바로 건강식품이나 다이어트 산업, 제약 회사야. 반대로 몸무게에 대한 걱정이 사라져야 이익을 얻는 곳도 있어. 패스트푸드나 청량음료 산업이지. 많은 학자가 비만의 원인은 과식을 부추겨 음식을 계속 먹게 하는 식품 산업이라고 꼬집어 말해.

그럼, 맥도날드가 우리를 살찌게 만든 진짜 범인일까?

흥미로운 실험 이야기를 해 줄게. 미국의 한 영화감독이 한 달 동안 맥도날드 음식만 먹는 실험을 했어. 그는

매일 슈퍼사이즈 메뉴만 먹고 살면 몸에 어떤 변화가 나타나는지 직접 알아보았지. 한 달 뒤에 과연 어떻게 되었을까?

그의 몸무게는 무려 11kg이나 늘었고 혈액 속 기름인 콜레스테롤 수치도 크게 높아졌으며 간도 나빠졌어. 맥도날드에서는 생각 없이 행동하고 있다며 그를 맹렬하게 비난했지. 그러나 여전히 맥도날드는 빅맥을 팔아서 큰 이익을 얻고 있어. 만약 큰 식품 기업이 파는 식품 때문에 비만해졌다면 그 책임은 누구에게 있을까?

살이 찌는 원인을 하나로 콕 집어 말할 수는 없지만, 패스트푸드가 비만을 일으키는 주범 중의 하나인 건 사실이야.

우리가 먹는 음식은 어디에서 왔을까?

우리는 잡식 동물

우리 몸에 좋은 먹을거리는 무엇일까? 어떤 음식을 가까이하고 어떤 음식을 멀리해야 할까?

현대 사회는 음식이 넘쳐나는 시대야. 하지만 그 많은 음식 속에서 막상 우리 몸에 좋은 먹을거리를 찾기란 쉽지 않아.

사자는 고기만 먹는 육식 동물이고 코알라는 유칼립투스만 먹는 초식 동물이야. 이와 달리 사람은 식물이든 고기든 거의 모든 것을 먹는 **잡식 동물**이지. 그런데 사람에게는 본능적으로 어떤 음식이 몸에 좋고 어떤 음식이 나쁜지를 알아낼 방법이 없어. 우리는 무엇이든 거의 먹을 수 있지만 무엇을 먹어야 할지 잘 모르지. 그렇다면 어떤 기준으로 음식을 골라야 할까?

프랑스의 유명한 미식가인 브리야 사바랭은 동물이 먹는 행동과 사람이 먹는 행동을 이렇게 나누었어.

"동물은 '먹이'를 먹고, 사람은 '식사'를 합니다."

음식 문화의 중요성

우리는 살기 위해 먹어야 해. 먹는다는 것은 사람이 하는 가장 기본적인 행동이지. 먹는다는 것은 언뜻 보면 굉장히 간단한 것 같지만 사실 매우 어려운 일이야. 우리는 문화를 통해 이 어려운 문제를 해결해 왔어. 음식 문화를 통해 무엇을, 얼마나, 어떤 방법으로, 언제, 누구와 먹을지 결정해 왔지.

음식은 생명을 이어 나가는 데 가장 중요해. 하지만 영양분만 있으면 자라는 식물과 달리, 사람은 음식만 먹는다고 잘 살아갈 수 없어. 사람에게 음식이란 그 이상의 특별한 의미가 있지. 그래서 음식 문화라고 해.

**어느 사회든, 민족이든 고유한
음식 문화와 전통 요리를 가지고 있어.**

사람들은 오랜 세월에 걸쳐 환경이나 역사, 문화가 배어 있는 고유한 식생활을 발전시키고 지켜 왔지. 우리가 음식을 먹는 것은 그 안에 우리가 살아온 과거, 살아갈 미래가 담겨 있지. 더 넓게 생각하면 문화적, 사회적인 의미까지 담겨 있어. 이 음식 문화를 지키는 사람이 바로 어머니들이야. 어머니는 그 어머니의 어머니로부터 음식 문화를 물려받아 왔어.

하지만 현대 사회에서는 음식 문화에서 어머니의 역할이 많이 약해졌어. 그 역할은 요리사, 방송인, 영양학자, 의사, 전문가에게 넘어갔지. 우리는 여러 가지 매체와 방송을 통해 몸에 좋은 음식과 조리법을 알려 주는 전문가들의 말을 듣고 있어. 그러니까 지금은 음식을 먹는 일에도 전문가가 필요한 세상이 된 거야.

요즈음 고유한 음식 문화와 전통적인 조리법이 사라지고 있는 것도 비만 문제가 심각해지는 데 영향을 미치고 있어.

사람은 자연에서 생산된 음식을 조리해서 먹어 왔어. 이 음식들은 오랜 세월을 거쳐 먹어 온 것들이야. 하지만 현대 사람들은 선조들이 전혀 접해 보지 못한 불확실한 먹을거리와 함께 살고 있어. 대표적인 것이 패스트푸드를 비롯한 가공식품, <u>유전자 변형 식품</u>, <u>인공 음식</u> 등이지.

패스트푸드와 가공식품은 앞에서 살펴봤으니 유전자 변형 식품과 인공 음식을 알아볼게.

유전자 변형 식품

유전자 변형 식품은 식물이나 동물의 유전자를 과학적으로 바꿔서 만든 식품을 말해.

유전자를 조작하면 식물이 병충해에 강해지거나 더 빨리 자랄 수 있어. 농부들은 더 쉽게 작물을 키우고, 더 많은 양을 생산할 수 있지. 또 영양가가 더 높은 식품도 만들 수 있어.

1994년 미국에서 세계 최초로 유전자 변형 식품(무르지 않는 토마토)이 만들어졌어. 그 뒤 옥수수, 콩, 면화, 사탕무, 호박, 감자, 딸기, 사과 등 다양한 유전자 변형 식품이 생산되었지. 현재 전 세계적으로 가장 많이 재배하는 유전자 변형 식품은 콩과 옥수수야.

우리나라는 식량 자급률이 매우 낮아서 유전자 변형 식품을 많이 수입하고 있어. 식량 자급률은 우리나라 사람들이 1년 동안 먹는 음식 중에서 우리나라에서 직접 만든 음식의 양을 숫자로 나타낸 거야. 또 유전자 변형 식품으로 만든 가공식품도 많이 수입하지. 우리나라에서 만들고 있는 콩기름이나 식용유는 대부분 수입한 콩과 옥수수를 원료로 사용해. 그런데 유전자 변형 식품은 과연 안전할까?

유전자 변형 식품이 정말 안전한지에 대한 논란은 계속되고 있어.

암이나 알레르기 등이 생길 수 있다는 주장과, 그렇지 않다는 주장이 팽팽하게 맞서고 있지. 유전자 변형 식품을 오랫동안 먹으면 사람의 몸에 어떤 일이 생길지, 환경에 어떤 영향을 줄지 아직은 몰라. 유전자 변형 식품은 가장 불확실한 먹을거리 가운데 하나야.

인공 음식

인공 음식은 실험실에서 동물의 근육 세포를 키워 만든

배양육인 인공 고기가 대표적이야. 인공 고기는 동물을 죽이지 않아도 고기를 먹을 수 있다고 해서 '청정 고기'라고도 불려.

인공 고기는 좋은 점이 많아. 가축이 내뿜는 온실가스를 줄일 수 있고 에너지와 물을 훨씬 적게 사용해 지구환경에 도움이 되거든. 다만 인공적으로 만든 낯선 음식이기 때문에 많은 사람이 꺼리고 아직은 우리 몸에 어떤 영향을 미치는지 정확히 알 수 없어.

영화 〈설국열차〉에는 바퀴벌레로 만든 음식이 등장해. 곤충으로 만든 **곤충 단백질**이야말로 돼지고기나 소고기보다 단백질이 풍부하고 환경 보호에도 좋다는 점에서 미래의 식량으로 주목받고 있지. 앞으로는 우리가 전혀 접해 보지 못했던 인공적인 음식만 먹고살게 될 때가 올지도 몰라.

사람들은 최신 스마트폰이나 새로운 유행에 대해서는 큰 관심을 보이지만 먹는 음식에는 그다지 관심이 없어. 지금 먹는 음식이 어디에서 어떻게 생겨난 것인지 진지하게 생각하지 않는다는 말이지. 우리가 먹는 음식은 몸

안으로 들어와 우리의 일부가 돼. 그러니 음식이 어디에서 어떻게 만들어지는지 관심을 가져야 하지. 우선 오늘 저녁 식탁의 음식부터 관심을 가져 보면 어떨까?

왜 육식이 문제일까?

고기를 좋아하는 사람이 참 많아. 특히 구운 고기 냄새는 누구라도 그냥 지나치긴 어렵지. 그렇다면 고기를 많이 먹는 것과 살이 찌는 것은 어떤 관계가 있을까?

우선, 고기를 많이 먹으면 하루에 섭취하는 열량이 늘어나. 그러면 몸무게와 허리둘레가 늘어나지. 특히 배가 불룩하게 나오는 복부 비만이 될 위험이 커져.

또 고기를 생산하는 방식에 대해서도 생각해 볼 필요가 있어. 모든 동물이 농장에서 풀을 뜯으며 평화롭게 사는 것은 아니야. 공장처럼 지어진 좁고 더러운 우리에서 여러 마리가 함께 살지. 배설물이 깨끗이 치워지지 않아 전염병에 걸리기도 하고, 주변 환경을 오염시킬 수도 있어.

프랑스의 인류학자 레비스트로스는 이렇게 말했어.

"인류에게 좋은 음식이란 먹기에만 좋은 것이 아니라 생각하기에도 좋은 음식입니다."

좋은 음식은 맛있고 영양이 풍부하며 안전한 음식이야.

그렇다면 생각하기에 좋은 음식이란 무엇일까? 음식은 문화와 민족에 따라 영향을 받아. 프랑스에서는 말고기를 먹는 것을 나쁘게 생각하지 않지만, 영국에서는 싫어하지. 소를 신처럼 생각하는 인도 사람들은 소고기를 먹지 않고, 불교의 나라 일본에서는 고기보다 생선을 더 많이 먹어. 이슬람교를 믿는 무슬림은 돼지고기를 먹지 않지.

다른 생명체를 죽여야만 고기를 얻을 수 있다는 사실이 불편하긴 해. 동물 복지와 환경을 생각한다면 육류를 생산하는 방식에 대해 고민해 봐야 할 거야.

게다가 고기를 생산하는 데는 많은 자원이 필요해. 가축을 기르기 위해서는 엄청난 양의 곡물 사료와 물이 있어야 하거든. 예를 들어 소고기 1kg을 얻기 위해서는 곡물 7kg과 물 1만 5천 리터가 필요해. 반면에 토마토 1kg을 생산하는 데 필요한 물은 고작 180리터야. 고기를 얻기 위해 들어간 자원에 비해 우리가 실제로 얻는 고기의 양이나 영양가는 적은 편이지.

고기 소비가 늘어나면서 많은 양의 곡물과 물이 가축을

키우는 데 사용되고 있어. 가축의 배설물로 인한 환경 오염 문제도 심각하지. 하지만 우리는 모든 문제를 애써 모른 척하는 중이야.

물론 고기를 맛있게 먹으며 즐거워하는 것이 나쁘다는 말은 아니야. 모든 사람이 고기를 먹지 말아야 한다는 것도 아니고. 모든 사람이 채소와 곡식만 먹는 **채식주의자**가 될 수는 없고 그럴 필요도 없어. 하지만 고기를 먹는 양을 줄일 필요는 있지. 그러면 몸무게를 줄이는 데도 도움이 되고 건강에도 좋을 거야. 한 걸음 더 나아가 지구에도 좋고 말이야.

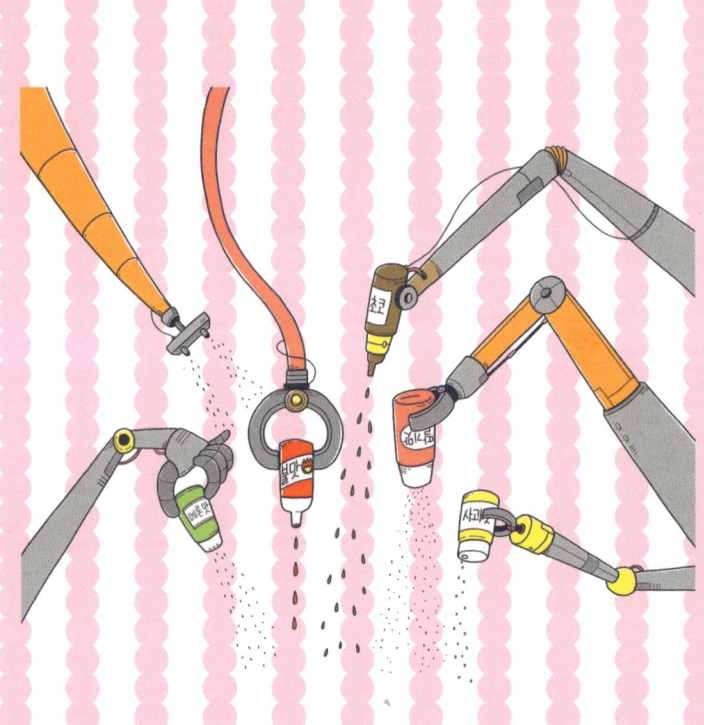

왜 가공식품이 문제일까?

식품 첨가물의 정체

집에서 딸기 밀크셰이크를 만들어 먹으려면 어떤 재료가 있어야 할까? 딸기, 크림, 우유, 설탕, 바닐라, 얼음 등이 필요할 거야. 모든 재료를 준비해서 믹서기에 넣고 갈면 되는데 조금 귀찮네. 그냥 가게에 가서 사 먹을까?

이렇게 집에서 음식을 만들어 먹으려다가 귀찮아서 결국 배달시킨 적이 있을 거야. 집에서 만드는 딸기 밀크셰이크와 가게에서 파는 딸기 밀크셰이크는 어떤 차이가 있을까?

가게에서 파는 딸기 밀크셰이크에는 유지방, 탈지유, 설탕, 유청, 콘 시럽 등과 진짜 딸기 대신 인공 딸기향이 들어가. 인공 딸기향에는 무려 47가지의 첨가물이 들어가 있어. **식품 첨가물**은 과자, 아이스크림, 빵 같은 음식의 맛을 더 좋게 하고, 색깔을 예쁘게 만들거나, 오래 보관할 수 있도록 도와주는 물질이야.

음식에 식품 첨가물을 넣으면 식중독균을 비롯해 질병을 일으키는 미생물이 생기는 것도 막아 주지. 식품의 맛과 향, 색깔, 입안에서 느껴지는 식감도 좋아져서 먹을 때 더 맛있는 느낌이 들게 해.

식품 첨가물이 만들어 내지 못하는 맛과 냄새는 없어. 달콤한 마시멜로 맛, 팝콘 맛, 장작불에 구운 맛, 싱그러운 사과 냄새, 풀 냄새까지 만들 수 있지. 예쁜 색깔을 입혀서 음식을 눈으로도 즐길 수 있어. 첨가물은 음식에 따라 때로는 부드럽게, 때로는 쫄깃하게, 때로는 바삭하게, 다양한 식감을 더해서 먹는 즐거움을 더욱 크게 만들어 주지. 식품 첨가물 덕분에 식품 회사는 대량으로 식품을 생산할 수 있게 된 거야.

요즘에는 가공식품에서 더 나아가 그 앞에 '초' 자를 붙인 '초가공식품'까지 등장했어.

초가공식품은 가공식품보다 한 단계 더 가공을 거친 거야. 우리 주변에서 흔히 볼 수 있는 과자, 사탕, 설탕이 들어간 시리얼, 라면, 냉동식품, 간편식 등이 초가공식품이지. 초가공식품을 이루는 것은 설탕과 지방 그리고 소금이야. 설탕과 지방을 잘 버무린 뒤 소금을 넣으면 사람들이 좋아하는 맛이 탄생해. 이런 음식은 자신도 모르게 많이 먹게 돼.

하지만 가공식품의 진정한 마법은 소금에서 시작돼. 달고 기름진 음식을 더 맛있게 만드는 것이 바로 소금이거든. 사람이 마지막까지 포기하지 못하는 것이 바로 짠맛이야.

지방은 어떨까? 우리는 음식에 지방이 들어 있는지 모르고 먹는 경우가 많아. 달콤한 아이스크림에는 지방이 있을까, 없을까? 아이스크림을 먹으면서 지방을 떠올리는 사람은 별로 없을 거야. 하지만 아이스크림에는 많은 양의 지방이 들어 있어. 여기에다 인공 향료, 인공 색소, 방부제 등 다양한 식품 첨가물이 들어가지.

대표적인 초가공식품인 라면을 이야기해 볼까? 많은 사람이 좋아하고 즐겨 먹지만, 라면이 어떻게 만들어졌는지 정확히 알고 있는 사람은 별로 없을 거야.

라면에는 면의 식감을 살리기 위한 첨가물, 영양소 보충을 위한 영양 강화제, 면을 차지게 하기 위한 첨가물

등, 수많은 식품 첨가물이 포함되어 있어. 라면의 맛을 좌우하는 수프에도 **화학조미료**, **향료**, **색소** 등 수많은 첨가물이 들어 있지.

　가공식품 시대를 사는 우리는 식품 첨가물을 완전히 피할 수는 없어. 그러니 식품 첨가물은 안전성을 확인받고 엄격한 기준에 따라 최소한의 양만 사용해야 해. 하지만 아무리 안전하게 사용해도 어린이는 식품 첨가물에 민감하게 반응할 수 있어. 또 오랫동안 가공식품을 지나치게 많이 먹다 보면 몸속에 식품 첨가물이 쌓이면서 건강에 문제가 생길 수도 있지.

　미국의 언론학 교수인 마이클 폴란은 이렇게 말했어.

　"식품에 첨가물이 아주 적게 들어 있어서 안전하다고 생각할 뿐입니다. 우리는 가능한 한 가공식품을 피해야 합니다."

　아무리 적은 양의 식품 첨가물이라도 안전하다고 할 수는 없다는 거지. 그러니 되도록 가공이 덜 된 음식을 선택해 먹는 것이 가장 좋아.

고열량 저영양 가공식품

피자, 초콜릿, 감자칩, 쿠키, 아이스크림, 감자튀김, 치즈버거, 탄산음료, 케이크, 치즈의 공통점은 무엇일까?

모두 우리가 좋아하는 음식들이라고? 그것도 맞기는 한데, 이 음식들은 설탕과 지방과 열량이 많은 고설탕, 고지방, 고열량 가공식품이라는 거야. 모두 열량이 엄청나게 높지. 그런데 열량만 높고 우리 몸에 꼭 필요한 영양분은 별로 없어. 가공을 많이 하면 할수록 맛은 있지만 영양분은 계속 사라지거든.

우리가 먹는 음식에 영양소가 부족하면 우리 몸은 더 많이 먹어야 영양소를 보충할 수 있다고 느껴.

같은 양의 음식을 먹어도 배부른 느낌이 덜하니까 더 먹게 되는 거지. 따라서 가공식품, 특히 초가공식품을 자주 먹으면 몸무게가 늘어나는 거야.

또 가공식품은 아주 맛있기 때문에 먹기 시작하면 생각

보다 많이 먹게 돼. 그러니 가공식품에 익숙해지지 않도록 미리 조심할 필요가 있지.

편의점이나 슈퍼마켓 또는 대형 마트에 가면 수많은 상품이 진열되어 있고 우리는 그곳에서 원하는 상품을 '선택'할 수 있어. 하지만 이것이 정말 선택일까?

편의점, 슈퍼마켓, 대형 마트에 있는 상품은 거의 비슷비슷해. 주로 가공식품, 초가공식품이지. 우리는 지방, 설탕, 소금 삼총사를 알맞게 버무린 데다 인공 색소와 온갖 화학 첨가물이 뒤섞인 식품을 선택할 수밖에 없어. 다다른 상품을 먹는 것 같지만, 따지고 보면 한 가지 음식만 먹는 것과 같아.

물론 식사 때마다 매번 직접 요리해서 먹기는 힘들어. 그렇다고 해서 날마다 가공식품만 먹어서는 안 돼. 결국 자신만의 균형점을 찾는 것이 필요하지. 어느 한쪽으로 치우치지 않게 골고루 먹을 수 있도록 말이야.

열량과 영양소 이야기

좋은 영양소와 나쁜 영양소

어떤 음식을 먹어야 건강도 지키고 살도 뺄 수 있을까?

맑은 공기, 깨끗한 물, 적당한 음식은 이 세상을 살아가려면 꼭 필요한 거야. 의식주 가운데 가장 중요한 것은 '식'이거든. 입지 않거나 집 없이는 살 수 있지만 먹지 않으면 살 수 없잖아. 이처럼 음식을 이야기할 때 빠질 수 없는 것이 바로 **열량**과 **영양소**야.

열량이란 식품의 에너지를 나타내는 것으로 **킬로칼로리**(kcal)로 표시해. 1kcal는 물 1kg의 온도를 1도 올리는 데 필요한 에너지의 양이야.

열량은 우리가 먹을 음식의 양을 결정하는 데 중요하게 사용돼. 하지만 열량만으로는 그 음식이 몸에 좋은 효과를 내는지, 그렇지 않은지 알 수 없어. 예를 들어 당근에서 온 100kcal와 콜라에서 온 100kcal는 열량은 같지만 우리 몸에 미치는 영향이 전혀 다르거든.

영양소는 우리 몸에 필요한 영양분이 있는 물질이야. 탄수화물, 지방, 단백질, 비타민 등이지.

탄수화물은 주로 밥, 빵, 국수 같은 음식에 많이 들어 있는 영양소로 우리 몸을 움직이는 데 필요한 에너지를 만들어.

지방은 우리 몸이 활동하는 데 필요한 에너지를 만들고, 체온을 유지해 주는 영양소로 기름진 음식에 많아.

단백질은 우리 몸의 근육을 만들고 뼈를 튼튼하게 하는 영양소로 고기, 생선, 콩, 달걀 등에 많이 들어 있지.

비타민은 우리 몸이 건강하게 자라고 병에 걸리지 않게 도와주는 영양소로 과일, 채소에 많이 들어 있고, 조금만 먹어도 우리 몸에 큰 도움이 돼.

흔히 우리가 먹는 음식의 50%는 탄수화물, 30~35%는 지방, 15~20%는 단백질로 구성하는 것이 바람직한 식단이라고 해. 하지만 실제로 이렇게 비율대로 맞춰서 먹는 사람은 없을 거야. 우리는 영양소를 먹는 게 아니라 음식을 먹기 때문이지.

여기서 퀴즈 하나! 물도 영양소일까, 아닐까? 물은 사람에게 꼭 필요한 영양소 중 하나야. 우리는 물을 그대로 마시기도 하고 음식에 포함해서 먹기도 해.

또 하나! "하루에 물을 2리터 혹은 8잔씩 마셔야 한다"라는 말은 맞는 말일까? 아니야. 이건 과학적 근거가 전혀 없는 말이야. 개인에게 필요한 물 섭취량을 객관적으로 정하는 건 매우 어려워. 여러 가지 요인에 따라 하루에 필요한 물 섭취량은 얼마든지 달라질 수 있거든. 단, 필요한 양보다 조금 더 마시는 건 상관없지만, 많은 양을 짧은 시간 안에 먹으면 생명이 위험할 수도 있어.

그럼 좋은 영양소도 있고 나쁜 영양소도 있을까?

19세기에는 단백질을 나쁜 영양소라고 생각했어. 동물성 단백질이 질병을 일으킨다고 믿었거든. 또 육식을 많이 하는 사람은 폭력적이라고 여겼지. 20세기가 되면서 이번에는 지방이 나쁜 영양소 자리를 차지했어. 언론에서 지방이 비만을 일으킨다고 과장 광고를 했기 때문이야. 21세기에 와서는 탄수화물이 나쁜 영양소가 되었지.

탄수화물을 줄이는 다이어트가 유행하면서부터였어. 이처럼 시대에 따라 좋은 영양소와 나쁜 영양소가 달라져 왔지. 무엇이 좋고 무엇이 나쁘다고 단정적으로 말하기는 어려워.

음식을 먹을 때 영양소에 너무 신경 쓰는 것은 오히려 건강을 해칠 수 있어.

이 음식이 몸에 좋은지 나쁜지 생각하고 걱정하는 시간이 늘어나면 늘어날수록 오히려 건강과 먹는 즐거움은 줄어들기 때문이야. 그러니 각각의 영양소를 따지지 말고 골고루 먹는 게 가장 중요해. 우리 몸에서는 음식의 좋은 성분끼리 서로 어우러져 좋은 효과를 내기 때문이지.

3대 영양소인 탄수화물, 지방, 단백질 중에서 지방은 우리 몸의 기본적인 에너지원이야. 쓰고 남으면 필요할 때 쓰기 위해 저장되지. 지방은 우리 몸의 약 20~25%를 차지하며 체온을 조절하거나 몸을 보호하는 쿠션 역할을 해.

그런데 '지방' 하면 어떤 생각이 가장 먼저 떠오르니? 살찌게 하는 것? 건강을 해치는 영양소? 대체로 우리는 지방에 대해 좋지 않게 생각해. 건강을 지키려면 튀김이나 도넛을 줄이라는 말을 많이 듣지.

하지만 어떤 음식은 몸에 좋고, 어떤 음식은 몸에 나쁘다고 단순하게 둘로 나누어 생각하는 건 올바른 자세가 아니야.

설탕의 위험성

1980년대 미국에서는 비만 인구가 갑자기 늘어나기 시작했어. 여러 가지 원인이 있었겠지만, 그즈음 사람들은 마가린을 많이 먹고 있었지. 마가린은 천연 버터를 대신해 만들어진 지방성 식품이야. 이 때문에 같은 음식이라도 지방이 덜 들어 있는 **저지방 식품**을 먹자는 운동이 전 세계적으로 벌어졌고 지방이 적게 들어 있거나 아예 없는 무지방 가공식품이 크게 유행했지.

가공식품에서 지방을 빼면 그 맛이 어떨 것 같아? 마치 골판지를 씹는 것처럼 아주 맛이 없어. 가공식품이 맛이 없다면 누가 사 먹겠어? 식품 기업은 가공식품을 맛있게 만들기 위해 애를 쓰다가 마침내 해결책을 찾았어. 바로 설탕이었지. 그때부터 가공식품에 설탕이 들어가기 시작했고 사람들은 자연스럽게 설탕을 비롯한 정제 탄수화물을 많이 먹게 되었어.

지방 대신 설탕을 먹고 나서 사람들은 날씬해졌을까? 아니었어. 비만 인구는 2배 이상 늘었고 심지어 당뇨병 환자도 늘어났지. 그러자 설탕이야말로 비만의 주된 원인이라는 주장이 나왔어. 하지만 설탕 업계가 적극적으로 나서서 반대 주장을 펼치면서 설탕 대신 지방이 나쁘다는 쪽으로 마무리되었어.

많은 사람이 '단것'을 좋아해. '달콤한 것'을 생각하면 행복하다, 사랑스럽다, 기분이 좋다, 스트레스가 풀린다…… 이런 것들이 떠올라. 우리가 단맛에 끌리는 것은 조상과도 관련이 있다고 했지? 정확히 말하면 우리는 단맛을 내는 **포도당**에 끌리는 거야. 포도당은 탄수화물이 우리 몸에서 가장 작게 변한 것으로 우리 몸의 세포들이 좋아하는 에너지원이지. 따라서 단맛은 인류가 살아가기

위해 반드시 필요한 맛이야.

16~17세기 유럽에서는 설탕이 무척 귀했어. 설탕은 온갖 병을 고치는 만병통치약으로 통했지. 음식이 아니라 의약품으로도 쓰인 거야.

신학자인 토마스 아퀴나스는 이렇게 말했어.

"설탕은 음식이 아니라 의약품이므로 금식 기간에 먹어도 계율을 깨뜨리는 것은 아닙니다."

아퀴나스도 설탕을 좋아했는지 살집이 있었다고 해.

이처럼 불과 몇백 년 전만 해도 설탕은 구하기가 어려워 먹고 싶어도 마음대로 먹을 수 없었어. 그런데 19세기 말 영국에서는 수입하는 설탕에 대한 관세가 없어지면서 설탕 가격이 반으로 뚝 떨어졌어. 그에 따라 영국 사람들은 200년 전 조상들이 1년 동안 먹었던 양의 설탕을 단 2주 만에 먹을 수 있게 되었지. 설탕 섭취량이 갑자기 늘어난 거야.

미국에서는 19세기 초부터 설탕 소비량이 조금씩 늘어나다가 1980년대에 크게 늘기 시작했어. 저지방 운동이 펼쳐졌던 이때, 설탕 가격은 2배나 올랐지만 소비량은 계속 늘어났지.

우리나라에서는 조선 말기 개항 직후인 1885년 즈음, 몇몇 부자들 말고는 거의 설탕을 먹지 못했어. 그런데 지금은 한 사람이 1년 동안 수십 킬로그램의 설탕을 먹고 있지. 이제 설탕은 더 이상 귀한 의약품이나 사치품이 아닌 생활필수품이 되었어. 이렇게 설탕을 많이 먹게 된 것은 인류의 식생활에서 일어난 가장 크고 갑작스러운 변화였지.

설탕은 열대 지방에서 자라나는 사탕수수와 온대 지방에서 자라는 사탕무에서 얻은 천연 당즙에서 뽑아낸 물질이야. 달콤하고 물에 잘 녹지. 사탕수수와 사탕무를 깨끗하게 걸러내어 정제하는 과정에서 비타민이나 미네랄 같은 영양소는 대부분 사라지고 에너지를 내는 열량만 남아. 그래서 설탕을 '빈 열량' 음식이라고 부르기도 해.

설탕은 **정제 탄수화물**의 주성분이야.

정제 탄수화물이란, 자연 상태의 곡물이나 식물이 원래 가지고 있던 섬유질, 비타민, 미네랄 등의 영양소가 빠지고 난 뒤 남은 탄수화물을 뜻해. 한마디로 영양소를

다 빼고 당분만 남긴 거지.

목마를 때 마시는 콜라 한 잔, 생각만 해도 시원하지? 그런데 콜라에는 정말 많은 양의 설탕이 들어 있어. 콜라 350밀리리터(ml) 캔 하나에 든 설탕은 무려 39그램(g)이야. 설탕이 들어간 음료를 마시면 설탕을 가루로 먹을 때보다 더 쉽게 먹을 수 있지. 그런데 탄수화물을 액체 형태로 마시면 고체 형태로 먹는 것보다 배부른 느낌이 덜해. 그래서 피자를 먹을 때 콜라를 같이 먹어도 크게 배부르지 않은 거야.

하지만 설탕을 비롯한 정제 탄수화물은 먹었을 때 혈액 속에 포함되어 있는 당, 즉 혈당이 갑자기 올라갈 수 있고 몸에 좋은 영양소도 거의 없어. 그러니 이런 음식을 자주 먹는다면 건강에 좋을 리가 없겠지?

지방이나 탄수화물, 단백질은 인류가 수천, 수만 년 동안 계속 먹어 왔던 영양소야. 하지만 설탕은 아니지.

**설탕만 줄여도 우리 몸에는
큰 변화가 생길 거야.
설탕을 줄이는 것이야말로 몸무게를
줄이는 효과적인 방법이거든.**

무설탕 제품이나 <u>제로 칼로리</u> 음료수를 마시면 된다고?

제로 칼로리는 완전히 0kcal가 아닐 수 있어. 식품위생법에 따르면 100ml당 4kcal 미만이면 0kcal로 표시할 수 있거든. 또 이런 제로 칼로리 음료수에는 단맛을 내는 <u>인공 감미료</u>가 들어가는데, 이것은 설탕보다 몇십 배, 아니 몇백 배 강한 단맛을 내면서도 열량은 매우 낮아. 열량 걱정 없이 단맛을 즐길 수 있으니 좋은 것일까? 아니야. 열량이 낮다는 점에는 귀가 솔깃하지만, 인공적으로 만든 감미료가 몸에 좋을 리 없어.

무심코 마시던 탄산음료, 주스, 요구르트 등 설탕이 들어간 음료를 멀리해 봐. 그러면 자연스럽게 몸무게가 줄 거야. 식습관을 바꾸는 건 의지와 관심만으로도 가능해. 이제라도 작은 것부터 실천해 보면 어떨까?

광고에 마음을 빼앗기지 마!

학교에서 돌아와 텔레비전을 켰어. 마침 내가 좋아하는 음식 광고가 나오고 있네.

'우아, 햄버거가 새로 나왔잖아. 그동안 먹었던 햄버거보다 훨씬 크고 맛있어 보이는걸?'

두툼한 고기에 소스가 듬뿍 뿌려진 햄버거를 보니 당장 패스트푸드점으로 달려가 햄버거를 사 먹고 싶어졌어. 누구나 이런 경험이 있을 거야.

광고에서는 큼직하고 먹음직스러운 햄버거, 바삭한 과자, 달콤한 초콜릿, 톡 쏘는 탄산음료, 데우거나 물만 부으면 먹을 수 있는 간편한 <u>즉석식품</u>을 자주 볼 수 있어. 광고를 보기만 해도 군침이 돌지. 더구나 좋아하는 연예인이나 영화배우, 운동선수가 등장하는 광고라면 더 눈길이 갈 거야.

광고 속의 음식을 먹고 마시면 늘씬하고 예쁜 연예인처럼 될 것만 같으니까.

하지만 사실 엄청난 열량을 자랑하는 햄버거이고 과일은 전혀 들어 있지 않은 과일 맛 탄산음료일 뿐이야. 게다가 광고에 나오는 모델들의 모습은 실제와 다를 수 있어. 컴퓨터 기술로 더 예쁘게 꾸민 경우도 많지.

패스트푸드 회사에서는 매우 공을 들여서 광고를 만들어. 광고를 보면 즐겁고 행복한 마음이 들지. 특히 어린이들을 끌어모으기 위해 신경 쓰고 있어. 그래서 패스트푸드 광고에는 어린이가 좋아할 만한 귀엽고 친근한 캐릭터가 많이 등장해. 세트 메뉴를 주문하면 장난감을 주기도 하지. 엄청난 돈을 들여 만든 패스트푸드 광고는 온갖 방법으로 아이들을 꼬드겨서 안 사 먹을 수 없게 만드는 거야.

음식 광고는 몸에 좋거나 영양적인 가치보다 먹는 즐거움이나 달콤한 맛을 내세우고 있어. 어린이가 주로 보는 시간대의 음식 광고 중 91% 이상이 지방, 설탕, 소금이 많이 들어간 식품이야.

광고는 우리의 식품 선택에 큰 영향을 미쳐. 광고를 계속 보면 자기도 모르게 마트에서 그 제품을 고르게 되거든.

대부분의 식품 광고는 나쁜 점은 쏙 빼고 좋은 점만 강조하기 때문에 올바른 선택을 하기가 어렵지. 게다가 앉아서 텔레비전이나 스마트폰을 오래 보는 어린이라면 체중이 늘어날 가능성이 더 크다고 해.

그렇다면 어떤 음식들을 골고루 먹어야 균형 잡힌 식단이라고 말할 수 있을까?

4층짜리 피라미드 모양으로 설명해 볼게. 길고 넓은 피라미드의 맨 밑에는 통밀빵, 곡물, 감자 등이 있고 그 위 칸에는 과일, 채소가 있어. 그리고 그 위에는 유제품, 육류, 생선 등이 있고, 짧고 좁은 맨 위 꼭대기에는 지방과 설탕이 많은 음식이 있어. 이 정도의 비율로 음식을 먹어야 균형 잡힌 식생활이라고 할 수 있어.

우리는 텔레비전에 나오는 광고 때문에 패스트푸드를

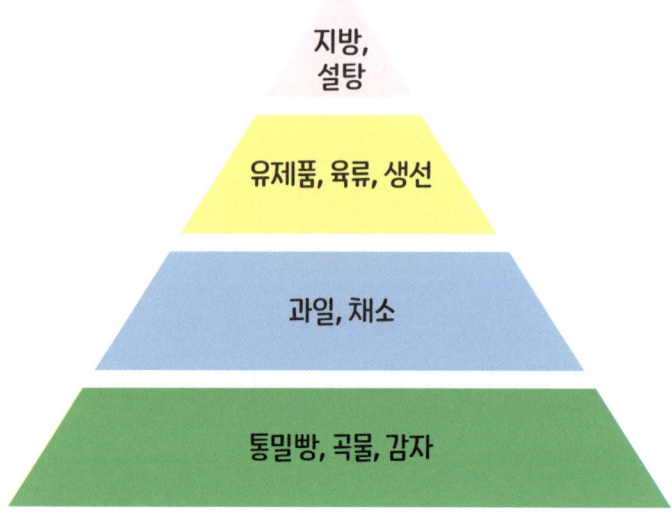

많이 먹어서 살이 찌는 것일까? 아니면 텔레비전을 보느라 움직임이 부족해서 살찌는 것일까? 어쨌든 중요한 건, 텔레비전이나 스마트폰을 보는 시간을 줄이는 것만으로도 몸무게를 줄일 수 있다는 거야. 또 음식 광고도 너무 믿지 말아야겠지.

가짜 배고픔에 속지 마!

감정적인 배고픔

'살을 빼고 싶은데 어떻게 해야 할까? 인터넷에서 보니까 굶어서 살을 많이 뺐다던데 일단 굶어 볼까?'

인터넷에는 수많은 살 빼기 경험담이 넘쳐나고 있어. 그중에서 눈길을 끄는 방법은 굶어서 살을 빼는 것이지. 그런데 이건 아주 좋지 않은 방법이야. 우리 몸은 하루에 필요로 하는 열량이 있거든.

물론 굶거나 먹는 양을 많이 줄이면 처음에는 살이 잘 빠질 거야. 하지만 빠진 몸무게에 기뻐할 새도 없이, 학교 숙제가 힘들거나, 친구와 다투거나, 시험을 걱정하거나, 이런저런 일로 고민이 생기면 자기도 모르게 음식을 아주 많이 먹게 돼. 그러다가 후회하면서 다시 마음을 다잡고 다이어트를 계속하지만 갈수록 살이 빠지는 속도는 점점 더뎌지고 먹고 싶은 마음은 더욱더 커지지. 결국 더 이상 참지 못하고 갑자기 폭식하게 되면 몸무게는 오히려 이전보다 늘고 말 거야.

우리 몸은 굶으면 주인에게 큰일이 났다고 생각해. 몸은 우리가 살을 빼려고 일부러 굶고 있는지, 먹을 것이 없어서 굶고 있는지 알 수 없거든. 음식이 들어오지 않으면 우리 몸은 최선을 다해 에너지를 아끼면서 음식을 먹으라는 강력한 신호를 뇌로 보내. 그래서 이전보다 더 배가 고파지는 거야.

인간의 마음이란 누군가가 하지 말라고 하면 더 하고 싶어져. 지금까지 좋아하고 즐겨 먹었던 음식을 갑자기 끊으면 먹고 싶은 마음이 더 간절해지지. 피자를 예로 들어 볼까? 이제 절대로 피자를 먹지 않겠다고 다짐하고 꾹 참고 있으면, 온종일 머릿속에는 피자 생각뿐일 거야. 그러다가 도저히 참지 못하고 피자를 먹으면 뇌가 예민하게 반응하면서 예전보다 훨씬 더 맛있게 느껴져. 그러면 더 많이 먹게 되지.

굶어서 살을 빼는 것은 잠깐 숨을 참는 것과 마찬가지야. 잠시 숨을 참을 수는 있지만 계속 참을 수는 없잖아.

자동차는 연료를 넣어야 쌩쌩 달리듯이, 우리 몸은 음식이라는 연료를 넣어야 원활하게 돌아갈 수 있어. 자동차의 연료 표시등이 깜박거리면 연료를 넣어야 하듯이, 우리가 배고픔을 느끼는 것은 몸이 우리에게 먹어야 한

다고 알려 주는 거야.

어제 저녁밥을 먹은 후 밤새 아무것도 먹지 않으면 아침에 배에서 꼬르륵 소리가 나. 이건 진짜로 배고픈 거야. 하지만 저녁밥을 든든히 챙겨 먹었는데도 뭔가 허전한 느낌이 든다면? 이건 진짜로 배고픈 게 아니야. 배고프다고 착각하는 가짜 배고픔이지. 이럴 때 텔레비전 앞에 앉아서 달콤한 초콜릿이나 감자칩 또는 아이스크림을 먹는다면 정말 큰일이지.

감정적으로 배고픔을 느끼는 것은 진짜로 배가 고픈 것이 아니라 우리 마음이 우리를 먹게끔 하는 거야.

진짜 배고픔은 천천히 배가 고파 오지만, 가짜 배고픔은 갑자기 찾아와. 가짜 배고픔은 초콜릿, 라면, 치킨, 짜장면 같은 자극적인 음식을 당기게 하지. 충분히 먹었는데도 더 먹게 하거나 허겁지겁 먹게 만들어.

가짜 배고픔이 생기는 가장 흔한 이유는 스트레스야. 몸보다 마음이 힘들 때 스트레스를 받는 경우가 많지. 숙제를 못 했거나 친구와 다투고 나면 우리 몸은 스트레스를 받아 달콤하고 열량이 높은 음식이 먹고 싶어져. 그러니까 배가 고프다고 무조건 먹기보다는 가짜 배고픔이 아닌지 잘 생각해 봐야 해. 만약 가짜 배고픔이라고 생각되면 10분만 기다려 봐. 기다리면서 스스로 질문해 보는 거야. "정말로 배가 고픈 걸까? 아니면 심심하거나 속상해서 먹고 싶은 걸까?"

물 한 컵을 마셔 보는 것도 좋아. 10분 후에도 여전히 배가 고프다면, 견과류 같은 건강한 간식을 먹으면 돼.

눈에 보이면 더 먹게 돼

책상 위에 초콜릿이 담긴 불투명한 유리병과 투명한 유리병이 놓여 있을 때 어느 쪽의 초콜릿을 더 자주 꺼내 먹게 될까? 이 실험 결과, 불투명한 병의 초콜릿은 하루에 4.6회 먹었지만, 투명한 병의 초콜릿은 7.7회를 먹었다고 해.

이처럼 음식이 눈앞에 보이면 우리는 그 음식을 더 많

이 먹게 돼. 그런데 우리 주변에는 맛있는 음식들이 가득하고 음식을 먹는 영상도 넘쳐 나. 먹는 방송을 줄여서 '먹방'이라고 해. 먹방을 보는 시간이 길어질수록 음식을 찾아 먹게 되거나 몸무게가 늘어날 가능성이 커진다고 해. 또 먹방을 많이 보는 사람일수록 정제된 탄수화물 식품이나 고기를 좋아하고, 먹방을 덜 보는 사람은 채소나 과일류를 좋아한다고 해.

먹방은 어린이에게 바로 영향을 미쳐. 과자를 먹는 영상을 본 어린이는 보지 않은 어린이보다 과자를 32%나 더 먹는다고 해. 배가 별로 고프지 않고 먹을 생각이 없다가도 눈앞에 음식이 보이면 배가 고파지고 먹고 싶어지는 거지.

"어? 웬 초콜릿이지? 언제 사 둔 거지? 마침 입이 심심했는데 잘됐다."

무심코, 책상 서랍을 열었다가 발견한 초콜릿 하나. 출출하던 차에 잘됐다 싶어 입에 쏙 넣어 버린 경험 있니? 냉장고를 열었다가 한쪽에 넣어 둔 눅눅한 감자튀김을 보고 별생각 없이 꺼내 케첩에 찍어 먹은 적은?

왜 맛도 없는 음식을 먹었을까? 바로 음식이 주변에 있었기 때문이야. 배가 고파서 먹은 게 아니라 눈앞에 보여서 먹은 것이지. 보이는 곳에 음식이 있으면 먹고 싶어지는 게 바로 사람의 마음이거든.

이번에는 <u>뷔페식당</u>으로 가 볼까? 뷔페식당에 있는 아이스크림 통은 대부분 뚜껑이 열려 있어. 분홍색 딸기 아이스크림, 크림색 바닐라 아이스크림, 진한 갈색 초콜릿 아이스크림 등이 훤히 보이지. 이때 뚜껑을 닫아 놓으면 뚜껑이 열려 있을 때와 비교해서 사람들이 아이스크림을 먹는 양이 절반으로 줄어든다고 해. 뚜껑을 여는 것이 귀찮아서 안 먹는 거지.

또 사람들은 접시에 담아 온 음식의 90% 이상을 먹어. 눈앞에 음식이 있으니 안 먹을 수가 없지. 따라서 음식을 조금 먹고 싶다면 접시에 음식을 조금만 담고, 차려진 음식을 등지고 앉는 게 좋아.

사람은 음식을 생각하는 것만으로도 배고픔을 느낄 수 있어. 음식 냄새만 맡아도 먹고 싶어지지. 그러니 눈앞에 보이면 먹고 싶은 것이 당연해. "눈앞에서 멀어지면 마음

에서도 멀어진다"라는 말이 있잖아?

**음식이 눈앞에 보이느냐,
보이지 않느냐가
우리가 음식을 먹는 양에
큰 영향을 미치는 거지.**

그러니 눈에 띄는 곳에 간식거리를 두지 말고 항상 적당한 양의 음식을 먹으면서 건강한 식생활을 하도록 해.

자연식품과 가공식품

한순간에 살을 쏙 뺄 수만 있다면 얼마나 좋을까? 하지만 그런 꿈 같은 일은 일어나지 않아.

"살을 빼려면 덜 먹고 더 많이 움직여라."

이 말은 정말 맞을까? 그동안 우리는 지방 창고에 저장되는 에너지는 우리 몸으로 들어온 에너지(섭취량)에서 몸 밖으로 나간 에너지(소모량)를 뺀 값과 같다고 생각했어. 다시 말하면 몸에 필요한 것보다 많이 먹으면 지방으로 저장되어 몸무게가 늘고, 적게 먹으면 지방이 분해되어 몸무게가 줄어든다는 거지.

비만이 단순히 많이 먹고 게을러서 생기는 거라면 잘못된 행동을 바꾸는 것만으로 전 세계의 비만 문제가 해결되어야 해. 하지만 덜 먹고 더 많이 움직이는 것만으로 해결되지 않아. 음식을 먹고 싶은 마음을 조절하는 호르몬이 음식에 따라 다르게 반응하고, 그에 따라 배부름을 느끼는 정도나 지방이 쌓이는 양이 달라지기 때문이야.

초가공식품을 많이 먹는 사람들이 가공하지 않은 식품을 먹는 사람보다 열량을 더 많이 섭취하는 까닭은 초가공식품의 **포만감 지수**가 낮기 때문이야.

포만감 지수란, 음식 100g을 먹었을 때 느끼는 배부른 정도를 나타낸 수치를 말해.

포만감 지수는 음식을 먹은 후에 배고픔이 얼마나 줄고 배부름이 얼마나 느는지, 다음 몇 시간 동안 열량 섭취가 얼마나 줄어드는지를 수치로 보여 줘. 음식의 종류에 따라 포만감 지수가 달라.

삶은 감자와 크루아상 중 어느 쪽이 포만감 지수가 더 높을까? 삶은 감자의 포만감 지수는 크루아상보다 7배나 더 높아. 삶은 감자 말고도 포만감 지수가 높은 음식에는 귀리로 만든 오트밀, 쇠고기, 달걀, 콩, 과일 등이 있어. 모두 가공을 덜한 식품이지. 이에 비해 포만감 지수가 낮은 음식은 도넛, 케이크 등 가공을 많이 한 식품이야. 삶은 감자는 두 개만 먹어도 배가 부르다고 느끼지만, 도넛은 두 개로 배가 부르지는 않아.

그래서 가공식품을 주로 먹는 사람과 <u>자연식품</u>을 주로 먹는 사람 중에 몸무게가 더 가벼운 쪽은 자연식품을 꾸

준히 먹은 사람들이지. 자연식품이란, 방부제나 인공 색소 따위를 넣지 않은 자연 그대로의 식품을 뜻해.

따라서, 충분히 먹으면서 건강하게 살을 빼려고 할 때 신경 써야 할 것은 열량을 줄이는 것이 아니라 음식의 종류라는 것을 알 수 있어. 일일이 열량을 따져 가며 적게 먹으려고 애쓸 필요가 없다는 거지. 세끼를 자연식품을 중심으로 규칙적으로 잘 챙겨 먹고 간식만 끊어도 살찔 걱정은 안 해도 돼.

이런 속담이 있어.

"아침은 황제처럼, 점심은 평민처럼, 저녁은 거지처럼 먹어라."

저녁에 많이 먹는 것보다 아침에 많이 먹는 것이 몸무게를 줄이는 데 더 효과가 있거든. 하루에 섭취하는 열량이 같아도 언제 많이 먹느냐에 따라 다르다는 거야. 지방 세포는 아침보다 저녁에 더 활발하게 지방을 저장해. 저녁에 많이 먹으면 지방이 훨씬 잘 쌓여 살이 찌기 쉽지. 끼니를 거르지 말고 대신 저녁을 적게 먹으면서 건강한 다이어트를 해 봐.

11

즐겁고 건강하게 먹기

우리가 살면서 가장 많이 되풀이하는 일은 무엇일까? 바로 먹는 일이야.

아침을 먹을까, 말까? 밥을 먹을까, 빵을 먹을까? 계란 프라이를 먹을까, 시리얼을 먹을까? 우유를 마실까, 주스를 마실까? 우리는 하루에도 먹을 것을 고르고 결정하는 일을 200번이나 한다고 해. 하지만 그때마다 '지금 나는 음식을 고르고 결정하고 있구나' 하고 의식하는 사람은 거의 없을 거야.

우리는 깊이 고민하지 않고 무의식적으로 먹을 때가 많아. 먹는 양도 주위 환경에 영향을 받지. 함께 먹는 사람이 누구인지, 먹을 시간이 여유로운지, 어떤 음식인지, 맛이 어떤지, 어떤 그릇에 담겼는지 등 수많은 요인에 의해 먹는 양이 달라져. 그런데 우리는 이것을 잘 깨닫지 못해.

먹을 때는 작은 그릇에 담아 먹기!

음식을 큰 그릇에 담으면 더 많이 먹게 돼. 같은 양의 음식이라도 담는 그릇의 크기에 따라 달라 보일 수 있기

때문이야. 크기가 작은 그릇, 중간인 그릇, 큰 그릇, 이렇게 세 그릇에 똑같은 양의 음식을 담아서 비교해 봐. 그릇에 담긴 음식의 양은 모두 같아도 그릇의 크기에 따라 양이 달라 보일 거야. 가장 작은 그릇에 담긴 음식이 가장 푸짐해 보이지.

왜 그릇의 크기가 커지면 더 많이 먹게 될까? 그 이유는 그릇에 가득 담긴 음식의 양을 알맞은 양이라고 생각하기 때문이야. 그 그릇을 기준으로 생각하기 때문에 무의식중에 그릇의 크기에 따라 큰 그릇이면 많이 먹고 작은 그릇이면 적게 먹게 되지. 따라서 음식을 덜 먹고 싶다면 그릇의 크기를 줄여 봐.

먹을 때는 먹는 일만!

우리는 한 번에 두 가지 이상의 일을 동시에 할 때가 많아. 밥을 먹을 때도 스마트폰이나 텔레비전을 보면서 먹지. 다른 일을 하면서 음식을 먹으면 오롯이 먹는 것에 신경을 쓸 수 없어. 특히 스마트폰이나 텔레비전을 보면서 음식을 먹으면 무의식적으로 음식을 입에 가져가기 때문에 먹는 양에 주의를 기울이지 못하고 식사하는 시간도 길어져. 얼마나 먹었는지 몰라서 더 많이 먹을 위험이 커지지.

뇌를 효과적으로 쓰려면 한 가지 일에만 집중하는 것이 좋아. 여러 가지 일을 함께하면 그 어떤 일도 제대로 못 할 수 있거든. 우리 뇌는 한 번에 여러 가지 일을 하도록 만들어지지 않았기 때문이야. 그러니까 식사하는 시간에는 먹는 일에만 집중해야 해.

내가 먹는 것이 바로 나

힘들 때 먹으면 기분이 좋아지고 마음을 다독여 주는 음식이 있니? 이런 음식을 '위로 음식'이라고 해. 반면에 스트레스를 받을 때 찾게 되는 음식도 있어. 어린이들이 주로 찾는 음식은 떡볶이, 피자, 초콜릿, 아이스크림 등이지. 짜증이 날 때 이런 음식을 입에 넣으면, 기분이 좋아지지.

그런데 이런 음식은 대부분 열량이 높고 지방과 설탕이 많이 들어 있어. 스트레스를 받았을 때는 건강에 좋지 않은 음식을 많이 먹게 될 수 있다는 점에 주의해야 해.

프랑스의 미식가 브리야 사바랭은 이렇게 말했어.

"나에게 당신이 무엇을 먹는지 말해 준다면, 나는 당신이 어떤 사람인지 말해 줄 수 있습니다."

내가 먹는 것이 바로 나라는 말이지. 이처럼 먹는 것은 매우 중요해. 게다가 요즘은 무엇을 먹는지뿐만 아니라 어떻게 만들어진 음식인지도 중요해졌어.

행복한 식사

마지막으로 건강하고 행복한 식생활을 위한 몇 가지 법칙을 알아보며 이야기를 마무리할게.

첫째, 진짜 음식을 먹어야 해. 수없이 많은 가공을 거친 가공식품, 초가공식품이 아니라 원래의 자연 상태에 가까운 '진짜' 음식을 먹으라는 뜻이야. 예를 들면 찐 감자, 채소, 삶은 달걀, 견과류, 생수 같은 것이지. 정제된 탄수화물이나 설탕이 많이 들어간 식품을 줄이는 것이 중요해. 특히 탄산음료는 먹지 않는 것이 좋아.

둘째, 너무 많이 먹으면 안 돼. 이 법칙은 첫 번째 법칙

을 잘 따르면 어렵지 않게 지킬 수 있을 거야. 과자는 계속 먹을 수 있어도 당근이나 브로콜리를 배 터지게 먹는 일은 없을 테니까 말이야.

셋째, 되도록 채소 위주로 먹어야 해. 고기를 먹더라도 채소도 함께 먹으라는 뜻이야. 채소뿐만 아니라 과일, 생선도 중요하지.

넷째, 올바른 식생활 습관을 길러야 해. 제때 먹고 아침 식사를 거르지 않으며 밤늦게 먹지 말아야겠지. 그리고 건강에 좋은 음식을 골라 꾸준히 알맞게 먹는 습관을 들여야 해.

음식을 골고루 행복하게 먹는 건, 우리 몸을 더 힘차고 건강하게 만들기 위한 첫걸음이야. 마치 자동차에 좋은 기름을 넣어 주는 것처럼 말이야.

**음식은 우리가 살아가는 데 꼭 필요한 거야.
음식을 먹는 것은 즐거운 일이지.**

이것저것 따지거나 살찌는 것을 걱정하다가는 먹는 즐거움을 잃어버릴 수 있어. 법칙을 지키려고 너무 신경 쓰다가 오히려 건강을 해칠 수도 있지. 그러니까 법칙이라고 해서 무조건 지킬 필요는 없어.

가장 중요한 것은 자기 몸과 마음을 생각하면서 행복한 식생활을 해 나가는 거야. 법칙을 마음속에 새기면서 자신에게 맞는 식습관을 찾아봐. 그러면 즐겁고 행복하게 음식을 먹으면서 지나치게 살찌지 않고 건강한 몸과 마음을 가질 수 있을 거야.

건강한 간식 만들기

몸에 좋고 맛도 좋은 건강한 간식을 부모님과 함께 만들어 보자.

1. 알록달록 과일꼬치

재료: 제철 과일(딸기, 포도, 바나나, 키위 등), 꼬치 막대

만드는 방법:

1) 과일을 깨끗이 씻어 한입 크기로 자른다.
2) 꼬치 막대에 원하는 순서대로 과일을 꽂는다. 꼬치에 리본을 묶어 주면 더 좋다.
3) 알록달록 예쁜 과일꼬치 완성!

2. 달콤고소 고구마 치즈볼

재료: 삶은 고구마, 저지방 치즈, 다진 견과류

만드는 방법:

1) 삶은 고구마를 으깨고, 치즈와 견과류를 넣어 섞는다.
2) 동그랗게 빚어 에어프라이어나 오븐에 넣고 노릇하게 굽는다.
3) 달콤하고 고소한 고구마 치즈볼 완성!

3. 포슬포슬 삶은 감자

재료: 감자 5~6개, 물, 소금 1/2 큰술, 설탕 1~2 큰술

만드는 방법:

1) 감자를 깨끗하게 씻어 껍질을 벗긴다.
2) 냄비에 손질한 감자를 넣고, 반 정도 잠길 만큼 물을 붓는다.
3) 소금과 설탕을 넣고 잘 섞는다.
4) 처음에는 센불에서 끓이기 시작해, 물이 끓어오르면 약불로 줄이고 뚜껑을 덮은 채로 20~30분간 은근히 삶는다.

5) 다 익었으면 남은 물을 아주 약간만 남기고 버린다. 아주 약한 불로 뚜껑을 연 채 1~2분간 수분을 날려 준다. 냄비 손잡이를 잡고 좌우로 살살 흔들어 주면 포슬포슬한 삶은 감자 완성!

4. 시원달콤 수제 과일 아이스티

재료: 홍차 티백, 제철 과일, 꿀, 얼음

만드는 방법:

1) 뜨거운 물에 홍차 티백을 우려낸 후 차갑게 식힌다.
2) 레몬, 오렌지, 복숭아 등 과일을 얇게 썰어 준다.
3) 큰 유리병에 식힌 홍차와 준비한 과일, 꿀을 넣고 잘 섞어 준다.
4) 냉장고에서 1시간 정도 숙성한 후, 얼음을 가득 채운 컵에 따라 마시면 시원한 수제 과일 아이스티 완성!

교양 꿀꺽

우리는 왜 살이 찌는 걸까?

초판 1쇄 발행 2025. 10. 20.

지은이   박승준
그린이   남동완
발행인   이상용 이성훈
발행처   봄마중
출판등록 제2022-000024호
주소   경기도 파주시 회동길 363-15
대표전화 031-955-6031
팩스   031-955-6036
전자우편 bom-majung@naver.com

ISBN 979-11-94728-14-6 73510

값은 뒤표지에 있습니다.
잘못된 책은 구입한 서점에서 바꾸어 드립니다.
본 도서에 대한 문의사항은 이메일을 통해 주십시오.

봄마중은 청아출판사의 청소년·아동 브랜드입니다.